学校のタブレット
8つのお約束

JN086425

① 他人に貸さない

② ID・パスワードを教えない

③ 不正ログインしない

④ 設定を変更しない

⑤ 関係ないウェブサイトに
アクセスしない

⑥ 正しい姿勢でつかう

⑦ ていねいにあつかう

⑧ 故障したらすぐに報告する

→ 詳しくは P.32-33

GIGAスクール時代のネットリテラシー ①
ネットの基本と活用術

このサイト 調べ学習に つかえる!

検索のコツが わかったよ!

ネットリテラシー ってなんだろう?

監修 遠藤美季

もくじ •••

はじめに

　小学生・中学生にひとり1台デジタル端末が配布され、通信ネットワーク環境のもとで学習を行う「GIGAスクール」時代が、ついに到来しました。デジタル機器をつかった学習方法には、「子どもの意欲を伸ばす」「自分に合った学習ができる」など、多くのメリットがあります。

　そのメリットを存分に生かし活用するために、マナーを守る気持ち、心や身体の健康を管理する意識、トラブル・犯罪などの危険を避ける知恵、たくさんの情報から真実を見抜く力などの「ネットリテラシー」が必要になります。

　この本を多くの人が手にとり、自分で考えて活用する能力を身につけ、情報の時代をたくましく生きていくことを、心から願っています。

エンジェルズアイズ代表　遠藤美季

この本のつかい方

1 「用語集」で基本を学ぼう！

　「知っておきたい用語集」では、ネットリテラシーを学ぶために必要な言葉を集めました。最初に読んでおくと、内容がよりよくわかります。

2 「Q&A形式」で理解を深めよう！

　実際のトラブルをもとに、インターネットにかかわる問題をQ（質問）とA（答え）で紹介。自分ならどうするか考えながら読んでみましょう。

3 「ニュース」を読もう！

　ニュースで取り上げられた話題を詳しく解説。実際に何が起こったかを知ることで、インターネットとの付き合い方が見えてきます。

基本編

●ネットリテラシー

インターネットのいいところも悪いところも理解したうえで、正しく活用していける知識と能力のこと。ネットリテラシーを学べば、自分を守るだけでなく、だれかをうっかり傷つけることも防ぐことができる。楽しく知識を身につけて、インターネットを活用しよう！

●GIGAスクール構想

全国の小学校や中学校に通う子どもたちに、ひとり1台、タブレットやパソコンを渡し、高速でネットがつかえる環境を整えることなどを目的とした計画のこと。それぞれの状況に合わせた学習を行うことができたり、端末の機能により新しいかたちで協力しながら学習したりできるようになった。

● 端末

他の機器との通信やネットワークに接続し、発信や受信を行う機器や装置のこと。デジタル機器では、スマートフォン（スマホ）やタブレット、パソコンなどがあげられる。

●インターネット

パソコンやタブレット、スマホなど、世界中の情報機器を接続できる情報ネットワーク。略して「ネット」ともいう。

●ウェブページ

ネット上で公開されている、1ページ単位の文書。文章のほか画像や動画なども表示できる。「ブラウザ」というソフトウェアを利用して閲覧する。

●ホームページ／サイト

いくつかのウェブページをひとつにまとめたもの。サイトは「ウェブサイト」の略。日本では、どちらの言葉も、ほぼ同じ意味でつかわれる。

●URL

インターネット上でのウェブページの住所。「http」「https」から始まる半角英数字の文字列で表示される。

● ルーター

　複数の端末の通信をまとめる機械。たとえば、一般的に自宅には1つのネット回線しか引かれていないので、1つの端末しかネットにつなげられない。しかしルーターをつかえば、2台以上の端末を同時にネットにつなぐことができる。

● プロバイダ

　ネットに接続する業者。「ISP (Internet Service Providerの頭文字)」とも呼ばれる。ネットは、このプロバイダと、ネット回線を提供する「回線事業者」と契約して、はじめてつなげることできる。同時に契約することも多い。

● サーバー

　情報やデータを提供するコンピューター。利用者が動画を見たいときには、端末からネットを通じて、世界のどこかに設置された動画配信サーバーに動画のデータを要求（リクエスト）し、そのデータを受け取ることで視聴できる。

● OS

　コンピューターを動かすためのソフト。「Operating System」の略。有名なOSには、おもにパソコンでつかわれる「Windows」「macOS」「Linux」、スマホやタブレットなどでつかわれる「iOS」や「Android」などがある。

● アプリ

　特定の目的や機能のためにつくられたソフトウェア。「アプリケーション」の略。メール、電話、地図、ゲームなど、さまざまなアプリがある。

● Wi-Fi

　ケーブルではなく無線通信を利用する情報機器のネットワーク規格。簡単に「インターネットにつなげる無線通信のこと」と考えてよい。

● インストール

　パソコンやタブレットなどで、ソフトウェアがつかえるよう設定すること。ソフトウェアを削除し、設定前の状態に戻すことを「アンインストール」という。

● アップロード/ダウンロード

　データをネットワーク上の「サーバー」に送ることをアップロード（略して「アップ」）、逆にサーバーからデータを入手することをダウンロードという。

活用編

● 検索

ネットで自分の知りたい情報を探すこと。一般に、「検索エンジン」にキーワードを入力することで、関連するサイトが表示される。おもな検索エンジンとして、「Google」や「Yahoo! Japan」が挙げられる。

● ネット依存

勉強や仕事などの生活面や、体や心の健康面よりも、ネットのほうを優先してしまい、自分の日常生活がコントロールできない状態のこと。ゲーム依存（ゲーム障害）やつながり依存、コンテンツ依存など、さまざまなタイプがある。

● 誤情報・ニセ情報

誤情報とは、勘違いなどで発信されている誤った情報。ニセ情報は、注目を集めたり、人をだましたりするのが目的で、わざと発信されたうその情報。ネット上には、誤情報・ニセ情報もあふれているため、正しい情報を見極めることが重要になる。

● デジタルウェルビーイング

タブレットやパソコン、スマホなどのデジタル端末を依存することなくつかい、体も心も健康で幸せな状態（ウェルビーイング）でいること。ネット依存などの問題が明るみになるにつれ、デジタルウェルビーイングの重要性が叫ばれるようになっている。

● 拡散

ある情報がSNSの共有機能などによって広がること。多くの人がコメントを寄せたり、リアクションしたりする状態を「バズる」ともいう。

● ゲーム障害

ゲームをする時間をコントロールできず、日常生活よりゲームを優先することでさまざまな支障が出る依存症。世界保健機関（WHO）は2019年、「ゲーム障害」を病気として認定している。

1章 ネットの基本

簡単につかうことができて、情報を集めるのに便利な「インターネット（ネット）」。でも、正しいつかい方を知っている人はどのぐらいいるのでしょうか？ ネットのしくみを学んでいきましょう。

今日はみんなで「ネットリテラシー」について勉強しましょう。

ネットリテラシーを考えよう

はーいっ

で…そのナントカシーって何??

ネットは、つかい方によって便利にもなるし

こわいものにもなるの。

情報をだれかに見られないかって思うとこわいよね…。

でも、やっぱり教室でいろんな情報を調べられるのは便利だよ！

だからこそ、ネットを上手につかいこなすための知識と考える力が必要よ。

よーし。わたしもたくさん勉強してネット名人になっちゃうぞー！

おー〜

PART 01 ネットリテラシーって何？

ネットをつかいこなすための知識がネットリテラシーなの。

先生！ぜひ詳しく教えてください。

ネットをつかう力をつける

みなさんは、「ネットリテラシー」という言葉を知っていますか？「リテラシー」とは、ある分野のものごとを正しく理解し活用する能力のことです。つまりネットリテラシーとは、インターネット（ネット）について正しく理解し、活用していく力のことをいいます。

手元の端末がネットにつながってさえいれば、いつどこにいても、世界中の情報を知ることができ、だれとでもやりとりができます。それは同時に、自分の知られたくない情報も、簡単に世界に向けて発信され、知られてしまう危険性があ

るということでもあります。

本書では、ネットに関する正しい知識とともに、具体的な事例を見ながら、ネットを楽しく活用するコツを紹介していきます。

タブレットやパソコンはひとり1台

　「GIGAスクール構想」により2021年ごろから、全国の小中学生にひとり1台、端末が配布されました。その目的は、ネットを利用することで、小中学生にとって、よりよい学習環境を整えること。実際、端末を授業に取り入れるようになったことで、学習の仕方は大きく変わりました。

　わからないことはすぐに手元の端末で調べられますし、クラス内のチャットで友だちと楽しくやりとりをしているという人もいるでしょう。しかし、残念ながらいいことだけでなく、いままでになかったたくさんの問題も起きています。

GIGAスクール構想

全国の小中学生にひとり1台端末を配布し、ネットをつかった学習ができるようにする取り組み。2019年12月に決定し、2023年度までに整備する予定でしたが、2020年ごろから世界的に広まった感染症の影響もあり、計画は前倒しに。2021年の春までに、多くの小中学生のもとへタブレットやパソコンが届きました。

学校生活も端末の使用で大きく変わったわ。

トラブルが起きる本当の原因は？

　学校で配布された端末がもとになったトラブルには、さまざまな事例があります。それぞれの項目で詳しく説明していきますが、トラブルが起きる本当の原因は、つかう人にこそあります。ネットも端末も、つかう人次第でいいものにも悪いものにもなるのです。ネットリテラシーについて学ぶことは、自分だけでなく、大切な家族や友だちを守ることにもつながります。安心できるネット社会を育てる

責任は、つかう人みんなにあるのです。

　いまこそ、学校の端末をきっかけにして、家のスマホやパソコンなどもふくめた「ネットと正しく付き合う知恵」をつけましょう。

ネットリテラシーを学ぶための5つのポイント

　ネットリテラシーを学ぶために、本書ではポイントを5つにしぼって説明していきます。1巻から順番に読んでもいいですし、自分が興味のあるポイントが紹介されている巻から読むのもおすすめです。

1

基礎知識を身につけよう！

　「インターネット」「セキュリティソフト」「コンピューターウイルス」など聞いたことのある言葉でも、実はしくみがわからなかったり、うまく説明できなかったりするものです。心身ともに健康に、ネットをつかいこなす力をつけるため、まずは基礎知識を身につけましょう。

1巻で紹介

2

SNSは上手につかおう！

　世界中の人と気軽に交流できるサービス「SNS」。しかし、ネット上でやりとりをするため、誤解を招いたり、誤った情報に振り回されたりすることも。SNSとの上手な付き合い方について、考えてみましょう。

2巻で紹介

3 ネットトラブルから学ぼう！

　「親に内緒で、ゲームで課金しちゃった」「GPS情報で知らない人に追いかけられた」「ネットで知り合った人に、リアルで会おうと誘われた」など、さまざまなトラブル例をもとに、ネットにひそむ危険を学習します。

2巻で紹介

4 著作権について知ろう！

　「著作権」とは、作品をつくった「著作者」を守る権利のこと。作品をつくった人ならば、小学生でも著作者です。では、どんなことをすると、著作権のトラブルが起きてしまうのでしょうか。具体例を見ながら学習しましょう。

3巻で紹介

5 プライバシーについて考えよう！

　だれにでも、他人に知られたくない私生活の情報があります。これを「プライバシー」といいますが、ネット上では知られたくないことも簡単に広がってしまいます。どうすれば自分や他人のプライバシーを守れるか、考えてみましょう。

3巻で紹介

PART 02

「インターネット」って 何?

ネットがない世界なんて想像できないや！

でもネットってどうやってつながってるの？

世界とつながるネットワーク

世界中の端末を有線・無線でつなぐ情報通信のネットワーク、それが「インターネット（ネット）」です。

ネットが生まれたのは1969年、いまから50年以上前のこと。その後、一般的につかわれるようになったのは、1990年代になってからです。現在では、ネットがなくてはみんなの生活が成り立たないほど、重要な役割を果たすようになりました。

では、どのようなしくみで、わたしたちはネットをつかってホームページを見たり、メッセージを受信したりできるのでしょうか。

ネットのしくみ

　みなさんが学校で使用しているタブレットやパソコンは、学校内に設置された「ルーター（複数の端末の通信をまとめる機械）」を通じて、「プロバイダ（ネットに接続する業者）」につながり、ネットに接続されます。そして、同じくネットにつながっている「サーバー（情報やデータを提供するコンピューター）」にアクセスすることで、ホームページを見たり、メールを送受信したり、動画を見たりすることができるのです。

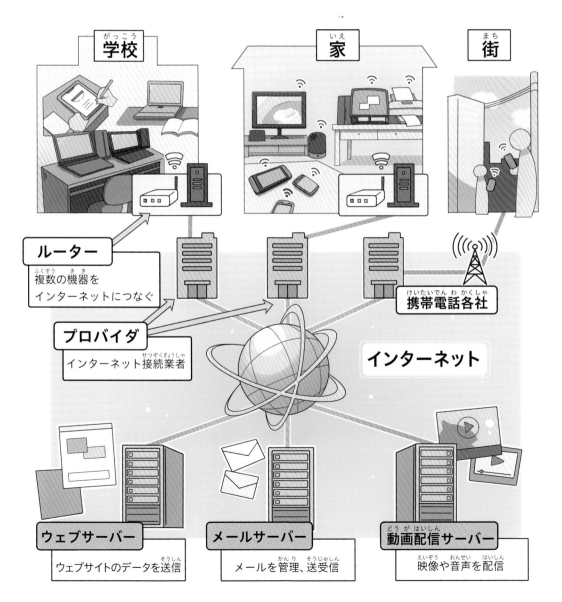

学校

家

街

ルーター
複数の機器を
インターネットにつなぐ

携帯電話各社

プロバイダ
インターネット接続業者

インターネット

ウェブサーバー
ウェブサイトのデータを送信

メールサーバー
メールを管理、送受信

動画配信サーバー
映像や音声を配信

ネットでできること

　ネットの登場によって、人々の生活は大きく変わりました。ネットにつながっている端末が手元にあれば、時間や場所を問わずさまざまなことができます。しかし、その便利さのいっぽうで、何か落とし穴はないのでしょうか？考えながら読んでみましょう。

調べる

検索エンジンをつかえば、調べたい情報に関連する世界中のウェブページが、リスト形式で表示されます。同じ情報について、さまざまな視点の記事を比較できます。

発信する

SNSをはじめ、ホームページやブログなどで、個人でも情報発信できます。ネットにつながった端末があれば、目の前で起こったできごとも文字や動画などですぐに世界中に発信できます。

交流する

メール、チャット、SNS、メッセージアプリなどで、直接会わなくても世界中の人とやりとりができます。画像や音楽、動画などをすぐに共有できるのも魅力のひとつです。

売買する

ネット上では商品を手にとって確認はできませんが、あらゆる物を購入できます。また、以前は難しかった個人による物の販売も、ネットをつかうことで手軽に行えます。

楽しむ

マンガや音楽、動画にゲーム。ネット上にはたくさんの楽しいコンテンツがあふれています。最近では、ネットオリジナルの配信作品も増えて、人気となっています。

お金をやりとりする

現金を直接受け渡しするのではなく、アプリなどを通じて電子決済（電子データによるお金のやりとり）ができます。個人間でも、スマホひとつでお金のやりとりができるので便利です。

新しい学び方と働き方

ネットとタブレットやパソコンをつかい、「オンライン授業」を行う学校もあります。教室ではなく、自宅から端末をネットにつないで学習するオンライン授業には、登下校が必要なく、どこにいても受けられるといったメリットがあります。しかし、ネット環境を整えなくてはならないことや、画面を通すことでコミュニケーションがとりづらいといったデメリットもあるようです。

学校
LIVE
自宅

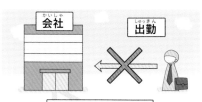
会社　出勤
テレワーク

自宅で仕事

外出先で仕事

学校にオンライン授業が広まったきっかけは新型コロナウイルス感染症による行動制限でしたが、同時期に大人たちの働く会社に導入されたのが「テレワーク」でした。テレワークとは「ICT（情報通信技術）」を利用した、新しい働き方です。これまでのように会社に通うのではなく、働く場所も時間も状況に応じて選ぶことができます。これにより、日本の働く環境は大きく変わりました。

ICT

「Information and Communication Technology」の略で、「情報通信技術」という意味です。日本では、同じような言葉として「IT」がつかわれていましたが、国際的にICTとよばれることが多かったため、日本もそれに合わせてよび名が変わりました。

「IoT」という似た言葉もありますが、こちらは「Internet of Things」の略で、「モノのインターネット」という意味。ICTはSNSやメールなどコミュニケーションに関する通信技術ですが、IoTはスマート家電や自動運転の車などネットに接続する物（製品）のことをいいます。

ネットはどんなふうに広まったの？

1995年に、Windows95というOS（コンピューターを動かすためのソフト）が発売され、個人でのパソコン購入が大幅に増えました。しかし、総務省「令和4年版 情報通信白書」（2022年）によると、1997年の個人におけるネットの利用率は、わずか9.2％。この時点では、ネット用の通信環境はあまり整えられていませんでした。

1999年に「ADSL（データ通信専用の電話回線）」が登場し、24時間定額での利用が可能になってからは、ネットが急速に広がります。その後、年々、通信環境は改善されて画像や動画など大きなデータもあつかえるようになり、さまざまなサービスが提供されるようになりました。2013年にはネット利用率が80％を超え、いまやネットを利用していない人のほうが少ない世の中となりました。

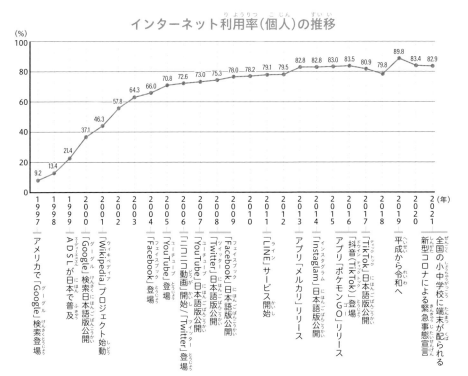

インターネット利用率(個人)の推移

【出典】総務省「令和4年版情報通信白書」(「通信利用動向調査」各年版をもとに作成、2021年の調査数は42,988人)

みんなどのくらい利用してる?

　総務省が発表した「令和3年通信利用動向調査」(2022年) によると、2020年のインターネット利用者の割合は、6〜12歳で84.7%、13〜59歳の各年齢層で90%を超えています。全体では70歳以上の利用率が低いため、82.9%と平均が下がっています。

　しかし、ネットが一般に広まったのは、いまから20年ほど前 (→ P.18)。現在70歳の人は50歳、80歳の人は60歳だったことを考えると、80歳以上で27.6%もネットをつかえる方がいるのはすごいことかもしれません。

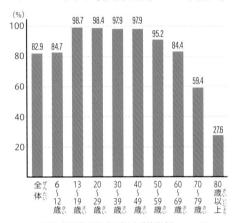

インターネット利用状況(2020年個人)

【出典】総務省「令和3年 通信利用動向調査」(2022年)
※対象:42,988人。

どんな端末でアクセスしてる?

　2012年に個人が持つ通信機器の1位は固定電話 (79.3%)、2位はパソコン (75.8%)、3位がスマホ (49.5%)、4位がタブレット (15.3%) でした。しかし、2021年の1位はスマホ (88.6%)、2位がパソコン (69.8%)、3位が固定電話 (66.5%)、4位がタブレット (39.4%)。1位と3位が入れ替わり、同じ2位でもパソコンの保有率は6%も下がっています。つまりこのグラフからは、10年ほどで、固定電話とパソコンの代わりに、とくに、電話とパソコンの機能をあわせもつスマホを持つ人が、大幅に増えたことがわかります。

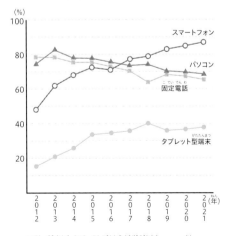

主な情報通信機器の保有状況

スマートフォン
パソコン
固定電話
タブレット型端末

【出典】総務省「令和3年 通信利用動向調査」(2022年)

PART03 セキュリティについて考えよう

おうちのパソコンで大量のメールが勝手に送信されてたの…！

それはきっと「ワーム」のしわざよ。

あなたを守る情報セキュリティ対策

現在の端末は、その多くが24時間ネットにつながっていることを前提につくられています。非常に便利である反面、ネットに接続中の端末は、常に悪意あるだれかに狙われている可能性があるともいえるのです。

安全のために家の戸じまりするのと同じで、ネットを通じて外部とつながっている端末は、外部からの攻撃に備えてセキュリティ対策が必要となります。

悪意あるソフトウェア

　学校で使用するタブレットやパソコンは、あらかじめセキュリティ対策がとられています。では、具体的にどんなものから、みなさんを守ってくれているのでしょうか？

　そのひとつに「マルウェア」があります。これは悪意あるソフトウェアをまとめた総称（よび名）です。日本では、マルウェアと「コンピューターウイルス（ウイルス）」が、同じ意味でつかわれることも多いですが、本来ウイルスとはマルウェアの一種で、他に「トロイの木馬」「ワーム」などがあります。なお、本書では混乱を避けるため、「悪意あるソフトウェア」について、「マルウェア」ではなく、日本での一般的なよび名である「ウイルス」をつかって説明していきます。

〔広い意味での〕
ウイルス（マルウェア）
悪意あるソフトウェアの総称

〔せまい意味での〕
ウイルス

トロイの木馬

ワーム

文書作成や表計算のソフトなどのファイルにひそみ（寄生）、開くと感染する。ファイルの共有により、端末から端末に感染を広げる。

普通のソフトやファイルになりすまして、端末に忍び込み、個人情報を勝手に送信したり、不正アクセスなどに利用したりする。基本的に、端末から端末には感染しない。

メールやネットワークなどから感染し、ワームを添付したメールやメッセージを勝手に送信（自己増殖する）。端末から端末に感染する。3種のなかで、もっとも感染力が強いとされる。

※ウイルスの分類の考え方はさまざまあります。

ほかに
・ランサムウェア…ファイルや端末をロックして、復元を条件に金銭などを要求する。
・スパイウェア…トロイの木馬の一種。ユーザが気づかないうちに端末の情報を送信する。なかでも、キーボードの入力情報を記録し、悪用するものを「キーロガー」という。
・アドウェア…宣伝や広告収入を目的に広告を表示。おもにフリーソフトのダウンロード時に感染。

こんなに危険なソフトがあるのね

21

情報セキュリティを強化するには

　悪意あるソフトウェアは、端末の脆弱性（弱点）を的確に攻撃してきます。端末を守るためには、その脆弱性をなくしていかなくてはなりません。ここでは、基本となる３つのポイントを紹介します。

　実際の設定や操作は保護者や先生と一緒に行う必要がありますが、どれもネットをつかいこなすうえで、必ず知っておく必要のある知識ばかり。セキュリティを強化することは、自分の端末を守るだけでなく、家族や友だちを守ることでもあると考え、学習していきましょう。

①ソフトウェアを最新の状態にする

　OS（コンピューターを動かすためのソフト）や、さまざまなアプリにも、脆弱性が見つかることがあります。

　ソフトメーカーはその脆弱性をなくすために、修正プログラムを配布します。この修正プログラムをダウンロードし、インストールすることで、危険性を減らすことができるのです。これがアップデート（ソフトの更新）です。

　端末の画面に、「ソフトウェアのアップデートが必要です」といった表示が出たら、まずは保護者や先生に確認しましょう。

ゼロデイ攻撃

ソフトの脆弱性がわかり、修正プログラムが配布されるまでには、一定の時間が必要です。この時間差を利用して、悪意ある人物が脆弱性を攻撃してくることがあります。これを「ゼロデイ攻撃」といいます。重大な脆弱性がある場合は、ニュースで取り上げられることも多いので、内容をよく読み、対策がとられるまでソフトの使用は控えましょう。

②セキュリティ対策ソフトをつかう

　24時間ネットにつながっている端末は、つねに外部からの攻撃を受ける可能性がある状態です。そのため、セキュリティ対策ソフトが必要になります。

　セキュリティ対策ソフトは、ウイルスの感染を予防する、悪意あるホームページの閲覧を止める、不正なアクセスを止めるなどの方法で、端末の安全を守ってくれます。

　OSによっては、セキュリティ性が非常に高く、すでにウイルス対策がされているものもあります。その場合は、①のOSのアップデートを忘れないようにしましょう。

新しいセキュリティ対策

　これまでのセキュリティ対策ソフトは、すでに発見されたウイルスを見つけ出すしくみでした。しかし最近では、パソコン内の監視をして、不審な行動をするプログラムを見つけ出す「ふるまい検知（静的ヒューマリスティック検知）」といった新しいセキュリティ技術も広がっています。

③ID・パスワードの設定を注意

　IDやパスワードの設定は、保護者や先生と一緒に行う必要がありますが、ここでは知っておくべきポイントを紹介します。

■ID・パスワードは複雑に

　パスワードは、「アルファベットの大文字と小文字＋数字＋記号」を組み合わせて10けた以上にする。

■ID・パスワードのつかいまわしはしない

　ひとつでも情報がもれれば、他のサービスにも簡単に侵入されてしまいます。

■適切に管理する

　端末内やブラウザの記憶機能は極力つかわない。紙のメモは見えるところに貼らない。

『秘密の質問』は要注意

　サービスによっては、パスワードを忘れたときのために、『秘密の質問』を設定する場合があります。「好きな食べ物は？」「ペットの名前は？」などは本人にしか答えがわからないように思えますが、最近ではSNSの投稿を見れば、すぐにばれてしまう場合も。事実とは違う答えを設定するほうが、安全な場合もあります。

PART04 危険から身を守る！ネットの基本ルール

セキュリティ対策をしていればもうだいじょうぶ…よね？

いやあ そうとも限らないよ。

危険を遠ざけるために

学校のタブレットやパソコンは「フィルタリング」で不適切なサイトの閲覧ができないようになっていたり、アプリのインストールや利用を制限するソフトが入っていたりします。

これは利用者であるみなさんを守るための対策ですが、家や個人の端末では、つかう人が設定しなければなりません。ネットを楽しく安全につかうために、悪意あるサイトやプログラムから身を守る、基本的な操作ルールを5つ紹介します。

フィルタリング

不適切なサイト

安全なサイト

① リンクを不用意にクリックしない

動画サイトを見ていたら、「続きはこちら」と外部サイトへ誘導するリンクが出てきて——。こんなときあなたはどうしますか。

安心とされている大手サイトにも、悪意あるサイトへの入り口がひそんでいることがあります。いつも利用しているサイトであっても、よくわからないリンクは決してクリックやタップをしないようにしましょう。

この先を読むには
→続きはこちら！

ウイルスを消すには
クリックしてください

OK

動画の途中で「続きはこちら」ってリンクが出たことあるな。

ネット上にはさまざまなワナがあるから気をつけて！

誤ってリンク先に飛んでしまい、画面に「お金を支払わないと自宅に行く」といったおどしのような表示がされたとしても、あせってはいけません。

これは「ワンクリック詐欺」と呼ばれる詐欺の一種です。支払いをする必要は一切ありません。連絡先が書いてあっても、絶対に連絡してはいけません。画面には触らず、まずは保護者に報告をしましょう。

ワンクリック詐欺

サイトやメール、メッセージなどにあるURLをクリックしただけで、「登録完了」などと表示されて、支払いを要求される詐欺のこと。もちろん支払いの義務はないため、警告は無視しましょう。利用状況の確認や解約をしようと連絡すると、相手に自分の個人情報を渡してしまうことにもつながります。もれてしまった個人情報は、別の犯罪に利用されることもあるので、絶対に連絡してはいけません。消費者センターや警察に相談しましょう。

②差出人不明のメールやメッセージは開かない

知らない人からのメールやメッセージは、開かずに削除しましょう。メールに書かれたURLのリンクをクリックやタップしたり、添付ファイルを開いたりするだけでなく、メールの種類によっては、開いただけでも、ウイルス（→ P.21）に感染する可能性があります。いっぽう、スマホのショートメッセージ（SMSなど）やアプリのメッセージ機能には制限があることも多いため、URLのリンクから、悪意あるサイトへ誘導されることもあります。

返信したくなるメッセージを送ってくるのね。気をつけなきゃ！

しかし、ネット上の攻撃はウイルスだけではありません。たとえば、知らない人から「ひさしぶり！また遊ぼうね」と書かれたメッセージが来たらどうしますか？ 親切心から「人違いじゃないですか？」なんて返信する必要はありません。相手は間違いを装ってあなたに近づいてきている可能性があります。

知らない人からのメールやメッセージは、中身を見ずに削除するようにしましょう。

見慣れた差出人でも…!?

銀行、宅配業者、市役所、税務署などをかたった詐欺メールもあります。メールにあるURLをクリックして移動したサイトも、本物そっくりのため、ついカード番号やパスワードを入力してしまうのです。これを「フィッシング詐欺」といいます。被害を防ぐには、郵送物などに記載された公式サイトのURLを直接入力してアクセスする、電話をしてメールについて確認する、といった方法があります。あやしいと思ったら、警戒をおこたらないように！ よくつかうサービスはブックマークをしておくのもよいでしょう。

③ダウンロード／インストールに気をつける

ネット上には、便利な機能を持ったソフトやアプリが多数公開されています。しかし、なかには悪意あるプログラムを持ったソフトやアプリも存在します。

たとえば、サーバーからデータを入手する「ダウンロード」は「大切な家の中に"だれか"を招き入れること」、ソフトがつかえるように設定する「インストール」は「"だれか"に家の中を歩きまわってもいいよと許可すること」だと考えてみてください。

ダウンロードもインストールもこんな危険があったなんて…！

信用して家に招き入れたはずの"だれか"が、勝手に家の中を歩きまわって、パスポートやマイナンバーカードを盗んだとしたら大問題です。ダウンロードもインストールも、慎重に行う必要があると意識し、つかいたいソフトやアプリがある場合は、まず保護者に相談しましょう。事前にレビューを確認するのも有効です。個人情報の流出につながるケースも多いので、十分に注意しましょう（→ 3 巻）。

実際にあった不正アプリの被害

「不正アプリ」とは、利用者に気づかれないよう不正な活動をするアプリのこと。キーボードをかわいくカスタマイズできる日本語入力アプリが、入力情報を外部へ送信したうえ、他社サービスのサーバーへ不正アクセスしていた例や、手元の書類を PDF 化できるスキャナアプリが、不適切な広告表示をするプログラムを含んでいた例、操作しやすく多機能なブラウザアプリが、検索ワードや閲覧履歴、位置情報を外部に送信していた例などがあります。

④情報をうのみにしない

新聞やテレビ、本などマスコミによる情報と、SNSや掲示板など一般の人の投稿によるネットの情報には、さまざまな違いがあります。とくに大きな違いとしてあげられるのは「情報のスピード」と「チェック機能の有無」です。

ネット上では、目の前で起こったできごとを、文字だけでなく写真や動画も加えて、すぐに発信できます。つまり「情報のスピード」がきわめて速いのです。

SNS

● たかし

×○△駅が燃えてる！

🔁 ♥ 投稿時間：現在

バイト先に芸能人が来た！

ティッシュがどこにも売ってない……

見る視点が変わると情報が変わることもあるよな。

くらべてマスコミの情報は、ひとつのできごとを発信するまでに多くの人がかかわり、正しい情報か伝えていい情報かなどを確認するため、時間がかかります。しかし、この「チェック機能」によって、一般の人が投稿するネットの情報よりも、公平な視点の正確な情報となりうるのです。

大切なのは、バランスよく情報を取り入れること。ひとつの情報だけをうのみにするのではなく、できるだけ多くの情報を取り入れたうえで、総合的に判断しましょう。

地震でライオンが逃げ出した!?

2016年に熊本地震が起きた際、SNS上に動物園からライオンが逃げだしたという情報が投稿されました。投稿には、ライオンがどこかの街を歩く写真も添付されていたため、一部の人たちが、この情報を広めるためにあわてて再投稿しました。しかしこれはデマ（「フェイクニュース」→2巻）。のちに、この投稿をした男性は逮捕されました。緊急事態だからこそ、いつも以上に「この情報は真実か」と、立ち止まって考えるようにしたいものです。

⑤「ネットをつかう」＝「世界とつながる」という意識を持つ

SNS上で身近な人とやりとりをしていると、つい盛り上がって、いつも学校などで話しているのと同じようにやりとりをしてしまいがちです。動画やマンガ、小説などの投稿サイトでも、友だちや知り合いを喜ばせるために、つい過激な作品を発表することもあるかもしれません。しかしそれらの投稿は、悪意ある人が見ている可能性もあるのです。

公開範囲は保護者と一緒に決めるといいですよ。

本来、ネット上でのやりとりは、普段以上に気をつけなくてはいけないのですが、知人とのやりとりに熱中すると、つい他のだれかに見られたり読まれたりしていることを忘れがちです。悪意ある人はその隙をついて情報を収集し、攻撃をしかけてくることがあります。

ネット上で発言をするということは世界中の人に向けて発言をするのと同じこと。投稿のことを「つぶやき」と表現することもありますが、むしろネットではマイクを持って広場で話すくらいの気持ちで、発言することが大事です。

「炎上」と「デジタルタトゥー」

最近では、仲間内の悪ふざけやいたずらに関する投稿が「炎上（ネット上で批判的な書き込みなどが集中すること）」し、企業や警察が対応する大騒動も起こっています。コメントや画像・動画など、一度出まわった投稿内容を、完全にネット上から削除するのはほぼ不可能で、このことを「デジタルタトゥー」といいます。ふとした投稿で、大きく将来が変わってしまう危険性があることを、しっかり理解しておきましょう（→2巻）。

PART 05 学校のタブレット＆ノートパソコン

タブレットをつかった学習の調子はどう？活用できてる？

知りたいことをすぐに調べられるし復習もできるからすごく便利！

学校の端末は貸し出されたもの

　学校のタブレットやパソコンと、家のスマホやタブレット、パソコンのもっとも大きな違いは、学校の端末が「貸し出されているもの」だという点です。タブレットやパソコンは、個人のものではなく、卒業や転校などで学校を離れるときに、返却する必要があります。

　タブレットもパソコンも精密機械ですから、手荒にあつかうと、画面が割れたり、動かなくなったりしてしまいます。次につかう人のため、端末の故障を避けるにはどうしたらいいでしょうか。

端末をていねいにあつかうコツ

端末を故障させず、ていねいにあつかうには、どのようなコツがあるのでしょうか？
よくある原因をもとに、具体的にどうしたらいいか見ていきましょう。

① 端末の上に物を置かない

② 机の端など落ちやすいところには置かない

③ 床や地面には、踏まれやすいので置かない

④ 端末を投げない、持ったまま走らない

⑤ 直射日光が当たるところや、ストーブの近くなど
熱くなるところには置かない

⑥ 水飲み場など、水にぬれやすいところには置かない

⑦ 汚れた手や、ぬれた手で触らない

⑧ 磁石を近づけない

⑨ 鉛筆やペンで画面を触らない、落書きをしない
画面を触るときは指かタッチペンで行う

⑩ 持ち運ぶときは、カバンの底に入れない
端末の入ったカバンを放り投げない

　手元にあるのは「みんなの端末」であることを忘れず、大切につかいましょう。では
次に、学校のタブレットやパソコンをつかう際の8つのお約束を確認しましょう。

学校のタブレット8つのお約束

1 他人に貸さない

タブレットは、自分用のものだけを使用します。友だちと貸し借りしたり、友だちのタブレットを勝手につかったりしてはいけません。

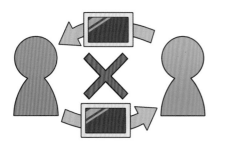

2 ID・パスワードを教えない

IDやパスワードは、自分の情報を守るためにとても大切なものです。人に教えたり、紙に書いて他人にわかりやすい場所に貼ったりしないようにしましょう。

3 不正ログインしない

不正ログインとは、他人のIDやパスワードなどをつかい、本人になりすましてログインをすること。勝手に他人のIDやパスワードをつかうと「不正アクセス禁止法」違反となり、罰せられる可能性があります。

4 設定を変更しない

アイコンの並び方や位置など、タブレットの設定を勝手に変えないこと。また、自分で新しいアプリを入れたり、はじめから入っているアプリを勝手に削除したりしてはいけません。

5 関係ないウェブサイトにアクセスしない

タブレットは学習活動にかかわることにつかいます。学習に関係ないサイトにはアクセスしないようにしましょう。どのサイトを閲覧したかは、タブレット上で消しても学校（管理者）にわかるようになっています。

6 正しい姿勢でつかう

タブレットをつかうときは、正しい姿勢で、画面に近づきすぎないように気をつけましょう。また、長い時間続けて画面を見続けないように、ときどき目を休ませ、体を動かすなどしましょう。

7 ていねいにあつかう

タブレットは卒業するときに学校に返却し、新入生や転校生など次につかう人に貸し出されます。自分だけがつかうものではないので、ていねいにあつかいましょう（→ P.31）。

8 故障したらすぐに報告する

こわれたりなくしたりしたときは、すぐに学校に連絡しましょう。また、つかっていて調子が悪くなったときや、「こわれたかな？」と思ったときも、先生に報告しましょう。

NEWS
ニュースになった
ネット活用例

わたしたちの生活の基礎ともなっているインターネット。ここではネットの情報やサービスを上手に活用し、ニュースとなった実例を見ていきましょう。

ゲーム制作コンテストU18
部門で小学5年生が金賞に

　2019年に開催されたゲーム制作コンテスト『日本ゲーム大賞2019』の、18歳以下が開発したゲーム作品が対象となる「U18部門」で、小学5年生が制作したゲームが金賞を受賞しました。

　まわりに本格的なゲーム開発をする友だちがおらず、情報交換ができなかったという彼を助けたのはネットでした。わからないことがあれば、ネットで調べながらゲーム開発を続けたそうです。

　そのかいあって、2018年に応募した作品では銀賞を受賞。その後1年間かけて新たなゲームを開発し、翌2019年に念願の金賞受賞となったのでした。

みんなでつくった玉ねぎが
ネット通販で全国へ

　熊本県津奈木町にある小学校では、2013年から、地元の名産であるサラダ玉ねぎを育てる農業体験の授業を行っていました。収穫した玉ねぎは、被災地に送られたり、給食につかわれたりしていましたが、新型コロナウイルス感染症の影響で2020年にはたくさんの玉ねぎが余ってしまいました。

　そこで、小学校では地元の方や企業の方の力を借りて、玉ねぎを通販サイトで販売することにしました。子どもたちは企業の担当者が行う「ウェブマーケティング」のオンライン授業を受けて、自分たちで商品ページをつくったりメールマガジンを書いたりと大活躍。結果、販売した200箱は完売し、「すごくおいしい」「また買いたい」と大評判になりました。

クラウドファンディングで小学校に防災井戸が!

　神奈川県横浜市にある小学校では、創立50周年を前に、子どもたちが地域のために何かできることはないか考えていました。そこで地域の人に話を聞いたところ、防災井戸がほしいという意見があがりました。

　「防災井戸」とは、災害によって水道が長期間つかえなくなったときに、生活に必要な水に利用できる井戸のこと。たしかに防災井戸は便利ですが、設置には多額の費用もかかります。そこで子どもた

ちが目をつけたのが、インターネット上で資金調達ができる「クラウドファンディング」というしくみでした。

　PTAや地域の人の力を借りながら、子どもたちはタブレットを活用して、自ら井戸の採掘会社を探して予算を考え、防災井戸の必要性をアピールする動画も作成。その後、クラウドファンディングを開始したところ、すぐに必要な資金が集まり、防災井戸の設置が実現しました。

町の魅力を発信するのは「6年インスタ組」

　北海道・知床半島の羅臼町にある小学校では、6年生16人と担任の先生が協力し、2021年にインスタグラムのアカウントを開設しました。学校生活や学習の様子のほか、町の魅力を発信するのも、このアカウントの大きな役割。世界自然遺産である知床に暮らす小学生の日常が人気となっています。

　それぞれのタブレットで撮影した写真は、学級全体で使用する端末に移し、必ず担任の先生のチェックを受けて投稿。卒業時には新6年生がアカウントを引き継ぎ、いまも情報発信は続いています。

2章 ネットの活用術

ネット上で知りたい情報を見つけるにはコツがあります。いっぽうで、ネットをつかいすぎると心や体に悪い影響が出ることも……。ここでは、ネットの上手なつかい方について考えていきます。

う〜ん…。

どうしたの？

ポプラ神社のことを調べているんだけど、わたしが探している情報がなかなか見つからないの…。

どんなことを調べてるの？

お父さんが子どものころの神社の姿を知りたいの。

それなら
「ポプラ神社　昭和」で
画像検索すると…。

ポプラ神社　昭和

カチッ

ぱっ！

すごーい！

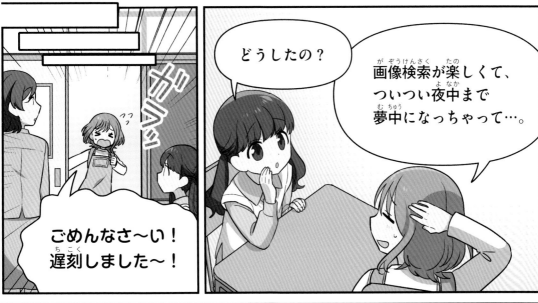

ごめんなさ〜い！
遅刻しました〜！

どうしたの？

画像検索が楽しくて、
ついつい夜中まで
夢中になっちゃって…。

目的からはずれて
つかい続けるのは
依存症の始まりじゃない？

…依存症？

37

PART 01 情報の調べ方・選び方

なかなか調べたい情報が出てこないな…。

検索の仕方にはいろいろなコツがあるのよ！

検索の便利な方法

ネット上には、情報があふれていますが、自分が知りたい情報に効率よくたどりつくにはどうしたらいいでしょう？

ネットで情報を探すことを「検索」といい、「検索エンジン」をつかって調べます。検索エンジンにはさまざまな種類があり、「Google」や「Yahoo! Japan」、子ども向けであれば「Yahoo! きっず」などが有名です。

検索をするときは、「検索窓」とよばれるボックスに、調べたいキーワードを入力することで、関連する情報を探し出すことができます。求めている情報になかなかたどりつけないこともありますが、そのときは検索の仕方を工夫してみてください。検索エンジンには、右のページのような便利な方法がいろいろ用意されていますので、ぜひ試してみましょう。

Yahoo! きっず の場合　　　　　　　　　（2023年2月現在）

ウェブ検索（検索キーワードに関連するページを検索）

```
ウェブ    画像 ●──────── 画像検索（検索キーワードに関連する写真や
                                   イラストなどの画像を検索）
[気になる言葉を入れてみよう]  🔍 さがす
```

検索窓（調べたいキーワードを入力するボックス）

AND検索

スペース

A　B　　🔍 さがす

　情報をしぼり込むときは、2つ以上のキーワードをスペース（空白：半角でも全角でもOK）で区切って検索します。たとえば、「〇〇県　有名人」とすれば、両方の言葉に関係のある「〇〇県の有名人」の情報が表示されます。

OR検索

スペース

A　OR　B　　🔍 さがす

　2つ以上のキーワードを入力し、いずれかのキーワードをふくんだサイトを検索します。たとえば、「りんご　OR　ぶどう」と入力すれば、「りんご」か「ぶどう」のいずれかがふくまれた情報が表示されます。

NOT検索

スペース

A　- B　　🔍 さがす

　キーワードの前に半角の「-（マイナス）」を入力すると、そのキーワードを除外した検索結果が表示されます。たとえば、「富士山以外の世界遺産を調べたい」場合は、「世界遺産　-富士山」と入力すると、検索結果から富士山に関連する情報が省かれます。

完全一致

ダブルクォーテーション

" A "　　🔍 さがす

　調べたいキーワードを「" "（ダブルクォーテーション）」で囲むと、そのキーワードと完全に一致する情報だけを検索できます。人物名や曲名など、特定のフレーズについての情報をピンポイントで探したいときなどに便利です。

補完

アスタリスク

A *　　🔍 さがす

　調べたいキーワードのわからない部分を「*（アスタリスク）」にすると、そこをおぎなって検索されます。たとえば、世界遺産の「日光東照宮」の「東照」が思い出せないときに、「日光 * 宮」と入力すれば検索できます。おぎなう部分が何文字でも、「*」はひとつで構いません。

特定サイト

スペース

site:URL　A　　🔍 さがす

　検索窓に「site:」と入力し、そのあとにサイトのURLを続け、知りたいキーワードを入れると、特定のサイトから知りたい情報を探すことができます。たとえば、「東大寺のサイト（www.todaiji.or.jp）から大仏の情報を探したい」ときは、「site:www.todaiji.or.jp　大仏」とします。

正確で新しい情報の選び方

ネットはだれでも手軽に情報を発信できるので、なかには間違ったものや古い内容がふくまれていることがあります。すべてをうのみにするのではなく、調べた情報が本当に正しいものなのか、注意して調べるようにしましょう。

①だれが発信しているか？

官公庁や研究機関のサイトや、新聞社などマスコミのサイトであれば、発信者がはっきりしており、情報の信頼性が高いといえます。それに対し、発信者がわからない個人のサイトでは、情報の信頼性が高いとはいえません。

💡 チェックポイント

・どのような組織・団体のサイトか
・運営者の連絡先は書かれているか
・どんな目的でつくられたサイトか

②いつアップされたか？

サイトのなかには、内容が古いまま更新されていないものもあります。調べる内容にもよりますが、当時は正しくてもいまでは誤っている情報というものもあります。その情報がアップされた「最終更新日」を確認するようにしましょう。

💡 チェックポイント

・最終更新日が書かれているか
・最後に更新された年度や日付はいつか
・調べたい内容には新しい情報が必要か

③複数の情報を確かめよう！

ひとつのサイトの情報だけを参考にせず、他のサイトでも調べて内容を比べてみましょう。新聞や本など、ネット以外の情報を調べてみることも大切です。

💡 チェックポイント

・他のサイトの情報と違いはないか
・新聞や本などの情報と違いはないか

誤った情報や悪意のある情報に注意！

ネット上には、本人は悪気はなくても勘違いなどで誤った情報を発信している「誤情報」や、人々の注目を集めたり、人をだましたりするのが目的でわざとうその情報を発信する「ニセ情報」などがたくさんあります。あるいは、必ずしも間違ってはいない情報でも、だれかを攻撃したり誤解させたりすることが目的で「悪意のある情報」を発信する人もいます。

ネットで調べものをするときは、そうした情報にだまされず、正しい情報を選ぶことが大切になります。

誤情報・ニセ情報にだまされると、今度は自分が間違った情報を広めてしまう危険性があります。

誤情報

勘違いや誤解によって広がった間違い情報のこと。

【例】

「深く息を吸って、10秒がまんできれば新型コロナウイルスに感染していない」という誤った情報（セルフチェック法として実際に広まった）

ニセ情報

意図的、意識的につくられたうその情報のこと。うっかりや勘違いではなく、何かの目的があってわざとつくられた情報。

【例】

ディープフェイク（顔を入れ替えた動画など、AI技術を悪用してつくられたニセの映像）

悪意のある情報

内容は必ずしも間違ってはいないが、だれか（何か）を攻撃したり、誤解させたりすることが目的で発信された情報のこと。

【例】

炎上した人の個人情報や、元の情報をわざと一部分だけ切りとって誤解させる情報

誤情報・ニセ情報にだまされないために

どうしてたくさんの人が誤情報・ニセ情報にだまされてしまうのでしょうか?

人は、自分では「いろいろな情報をもとにものごとを決めている」と思っても、実は無意識のうちに「信じたいもの」を選んでしまいがちです。そして、たいていの誤情報・ニセ情報には、次のような共通した特徴があります。

だれかに教えたい情報

「だれかに教えたい」と思わせる情報は、SNSなどを通じて広がりやすいです。だれも知らない情報や、意外な情報には、「早くだれかに伝えたい」という心理が働くためです。また、「重大な」「絶対に」などと強調する情報や、「危険な」「大変な」などと不安をあおる表現の情報も、多くの人の興味や関心をひきます。

感情に訴える情報

人は、自分の願いや希望に合った情報ほど信じやすくなります。そのため、「本当だったらいいな」という願いが入った情報を選んでしまいがちです。また、「〇〇はこんな悪いことをしていて許せない」「この事件の犯人は〇〇にちがいない」といった情報は、人の正義感に訴えかけ、感情を大きく動かしやすいようです。

共感・拡散されやすい!

誤情報・ニセ情報を拡散してしまうと、新たな被害者を生み出したり、ひどいときには社会や経済が混乱してしまいます。また、拡散した人自身が損害賠償請求されたりする可能性もあります。

目についた情報をすぐ信じてだれかに教えてしまう前に、一度立ち止まり、「その情報は本当に信用できるのか」について考えてみましょう。

誤情報・ニセ情報にだまされないためのチェック項目

▶ その情報はどこから発信されたものか?

▶ その分野の専門家が発信している?

▶ 他ではどう言われている?

▶ 画像や動画は本物?

▶ 家族や知り合いからの情報という理由だけで信じていないか?

▶ 表やグラフ(データ)は本当に正しい?

コラム　調べ学習に役立つサイト

　ネットで情報を集めるときには、信頼できるサイトで調べることが大切です。国や自治体が運営するもの、美術館や博物館など公的な機関のものなどは、信頼度が高いほか、その多くで子ども向けの「キッズサイト」も用意されており、調べ学習に役立ちます。

政府広報オンライン　官公庁サイト一覧

https://www.gov-online.go.jp/topics/link

総務省、法務省、外務省など、各省庁のサイトにアクセスできます。

国土交通省　国土地理院

https://www.gsi.go.jp

日本全国の地図をはじめ、特定のテーマに沿って調査した地図や、年代別の空中写真、古地図など、さまざまな地図を検索して見ることができます。

「e-Stat」政府統計の総合窓口

https://www.e-stat.go.jp

いろいろなテーマで調査した日本の統計データが閲覧できる政府統計の情報サイトです。

国立国会図書館

https://www.ndl.go.jp

国立国会図書館は、日本で一番大きな図書館です。サイトでは資料の検索ができるほか、デジタル資料を見たり、昔のデジタル化音源を聴いたりすることもできます。

国立科学博物館

https://www.kahaku.go.jp

宇宙や植物・海の生き物などを学習する際に役立つコンテンツがあるほか、3Dビュー＋VR映像の常設展示をオンラインで鑑賞できます。

文化遺産オンライン

https://bunka.nii.ac.jp

日本の文化遺産についての情報サイトです。

National Museum

https://www.bunka.go.jp/nmportal

全国の国立博物館・美術館の情報を調べることができます。

PART02 ネットとうまく付き合う方法

ネット依存って何？
なんだかこわいな…。

正しく学んで
ネットと上手に
付き合うように
しましょう！

ネット依存のこわさを知ろう

上手に付き合うことができれば、ネットはとても便利でわたしたちの生活を豊かにしてくれますが、付き合い方を一歩間違えると、心身に悪い影響を与えてしまいます。そのひとつが、「ネット依存症（ネット依存）」です。

ネット依存とは、勉強や仕事などの生活面や、体や心の健康面よりもネットの使用を優先してしまい、つかう時間や方法を自分でコントロールできない状態のことです。最近では、若い人を中心にネット依存と疑われる人が増えています。

総務省の調査結果によると、ネット依存の傾向は、10〜20代がもっとも高く、またスマホ保有者のほうが依存傾向が高いことがわかっています。これは日本に限らず、世界的な傾向とされています。

日本におけるネット依存の傾向
（年齢別・スマホ有無別）

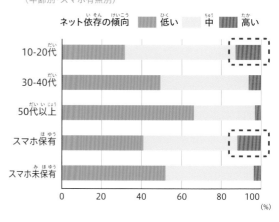

ネット依存の傾向　■低い　□中　■高い

| | 10-20代 | 30-40代 | 50代以上 | スマホ保有 | スマホ未保有 |

【出典】総務省「ICTの進化がもたらす社会へのインパクトに関する調査研究」（2014年）より改変
※対象：1,000人、ネット依存の判定方法は「Young20」による

44

生活に影響が出るネット依存

　SNSやオンラインゲームに夢中になったり、動画をずっと見続けたりして、ネットをやめられなくなる状況が生まれています。とくにオンラインゲームは、「サービスが続くかぎり終わりがない」などの特徴から依存しやすく、世界保健機関（WHO）は2019年、ゲームのしすぎで日常生活に支障をきたす「ゲーム障害」を、正式に病気として認めています。

　このゲーム障害をふくめ、ネット依存になってしまうと、生活や体、心にさまざまな悪影響があらわれます。

ゲーム障害とは

▶ ゲームをする時間をコントロールできない

▶ 他の生活上の関心事や日常の生活よりゲームを優先する

※このような状態が1年以上続く場合（症状が重い場合は1年以内でも）ゲーム障害とよびます

体への影響

・目の疲れ、視力の低下
・頭痛
・肩こり
・疲労、けんたい感
・運動不足からの体力低下
・睡眠不足　など

脳・心への影響

・イライラし、攻撃的になる
・感情のコントロールが難しい
・無気力、思考能力の低下
・うつ病や他の心身症を引き起こす
・記憶力の低下　など

社会性への影響

・寝不足で朝起きられない
・不登校や引きこもりになりやすい
・リアルの人間とのコミュニケーション力の低下
・保護者との関係悪化　など

ネット依存のタイプと特徴

ネット依存には、「何に依存するか」で大きく3つのタイプに分かれます。それぞれに特徴が異なり、複数の依存を抱えている人も少なくありません。もし依存の傾向があると感じたときは、いったんネットにつながる環境から離れ、大人と相談してみることが大切です。巻末の「ネット依存チェックリスト」も、ぜひ試してみてください。

ゲーム依存（ゲーム障害）

依存コンテンツ：オンラインゲーム

真夜中や明け方までゲームをプレイし続ける。ゲーム依存は以前からあったが、現在では「オンラインゲーム」が主流になったことで、ネット上のプレイヤーとの協力プレイをやめられなくなり、依存につながるケースも増えている。昼夜逆転の生活におちいってしまうなど、日常生活に重大な支障をおよぼすことも少なくない。

つながり依存

依存コンテンツ：SNS、メッセージアプリ

SNSやメッセージアプリで、友人グループなどとメッセージのやりとりをし続ける。自分だけ反応が遅れて話題に入れなかったり、仲間はずれにされたりするのがこわく、スマホを手放せなくなる。
また、SNSで「いいね」（自分の投稿を見た人の評価）を求めて、投稿をやめられなくなるケースもある。

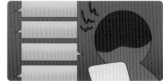

コンテンツ依存

依存コンテンツ：動画サイトなど

長時間にわたって動画サイトや音楽サイトなどの視聴を続けたり、ネット上の書き込みを読み続けたりする。テレビと違い、際限なくおすすめのコンテンツが出てくるため、気づくと長時間利用してしまう。学校で共通の話題についていくために見る動画なども多く、いくら時間があっても満足できない。寝不足による体調不良、やる気の減退にもつながりやすい。

つかい方のルールを決めよう!

ネット依存やトラブルに巻き込まれないようにするためには、どうしたらいいでしょうか?

校則や交通規則があるように、ネットのつかい方にもルールを決めることが大切です。ルールや目的を決めずに自由につかっていると、ネット依存になるだけでなく、危険な目にあったり、健康に悪い影響が出てしまったりする可能性があります。そのようなトラブルを防ぎ、安全に楽しくネットをつかうためには、前もってルールを決めておきましょう。

ネットのつかい方のルールは、保護者など大人と一緒に話し合いながらルールをつくっていきます。生活に必要なことを優先したうえで、ネットは「いつ、何に何時間つかうか」を決め、定期的に見直しもするようにします。大人と相談しながら、よりよいルールにしていきましょう。

ルールを決めるときのポイント

ネット依存にならないために

・ネットをつかう時間を決めておく
・「リビングだけでつかう」など、つかう場所を決めておく
・ゲームやアプリのダウンロードは、保護者がOKしてから行う

危険な目にあわないために

・ネットをつかう目的を決める
・個人情報をネット上で教えたり、書き込んだりしない
・ログインIDやパスワードは保護者が管理する

心身の健康のために

・夜は何時までつかっていいか決めておく
・姿勢は正しく、画面と目は30cm以上離してつかう
・スマホをつかっていい時間・場所・場面を決める

47

1日の生活全体で見直そう

　ネットのつかい方のルールを決めるにあたって、大切なのは1日の生活全体で見直すことです。下図のような24時間の円グラフをつくり、たとえば平日なら、下校から就寝の間で、ネットをどのような目的で何時間つかうのか、保護者と話し合って決めましょう。

　家庭によって、ネットのつかい方のルールは変わります。つかっていい時間も異なるでしょう。夜〇時までという家庭もあれば、平日は禁止という家庭もあるかもしれません。友だちとネットで遊んだり連絡をとったりするときは、自分の都合を押しつけたりせず、相手のことを考えて行動しましょう。

　つかっていいのはゲームとネットを合わせて1日1時間まで。宿題を終わらせてからゲームをすることに決めているよ。オンラインでゲームをするのは学校の友だちだけで、直接会ったことのない人とはしないルールになっているんだ。

　スマホは夜8時まで、リビングでつかうことに決めてるの。ごはんを食べているときや勉強中、歩きながらスマホを見るのは禁止。ルールづくりのときに、「家族や友だちといるときは、目の前の人との会話を大切にしよう」と話し合ったよ。

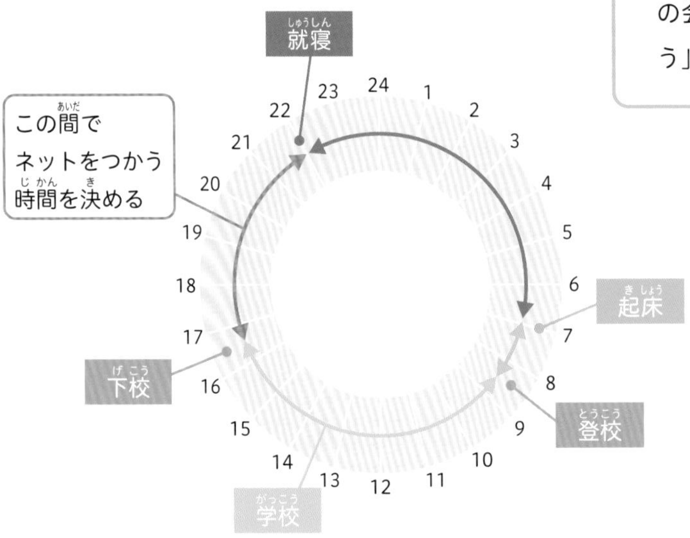

この間でネットをつかう時間を決める

就寝　起床　下校　登校　学校

22 23 24 1 2 3 4 5 6 7 8 9 10 11 12 13 14 15 16 17 18 19 20 21

　ネットをふくめて、1日の生活を見直してみましょう。規則正しい生活リズムをつくることがネット依存の予防になります。

※1日のなかで、すき間時間をネットで埋めず、ぼんやりする時間も確保しましょう。

ネット依存のギモン Q1

オンラインゲームをやめられず、日常生活に問題が起きたときは？

おっす！

今日も勝つぞ！

オンラインゲームの多くは、ネット上で他のプレイヤーたちと交流しながらゲームを進めることができます。サービスが続く限り終わりもないため、オンラインゲームをきっかけにネット依存になる人も少なくありません。

もしネット依存になったり、ネット依存の傾向が出始めたりしたときは、どうしたらよいでしょう？

あったらこわーい友だちの話

オンラインゲームにハマって不登校に…。

A君に聞きました

オンラインゲームにハマったんだ。ゲームのなかで知り合った人と対戦したり、チャットしたりしていると、毎日楽しくてあっという間に真夜中で……。

その後

朝はいつも頭がぼんやりして、学校に行っても居眠りばかり。授業も全然わからないし、「おなかがいたい」とうそをついて学校を休むようになったんだ。一日中ゲームばかりで、はじめは心配してくれていた学校の友だちも、もう連絡をくれなくなっちゃった……。

こんなとき、どうする？

A1 ネットのルールを家族で決めること！専門の医師にも相談を

オンラインゲームをきっかけとしたゲーム障害（→ P.45, 46）は、ネット依存のなかでも割合が大きく深刻です。不登校などのきっかけになることもあります。近年、専門の医療機関も増えているので、日常生活に大きな支障が出ている場合は、保護者とともに医師に相談してください。

まだ支障は出ていないという人も、制限時間などのルールを家族で決めましょう。オンラインゲームの場合、課金などその他のトラブルにも注意が必要です（→2巻）。

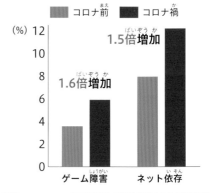

ゲーム障害およびネット依存傾向を示す人の割合の変化

凡例：
- コロナ前
- コロナ禍

【出典】KDDI、KDDI総合研究所、国際電気通信基礎技術研究所「Prevalence and risk factors of internet gaming disorder and problematic internet use before and during the COVID-19 pandemic: A large online survey of Japanese adults」(2021年) より作成

何が起きていた？

A君は、オンラインゲームが楽しくてやめられず、毎日、真夜中まで遊んでいました。そのため、日中は睡眠不足で頭がぼんやりし、日常生活に影響が出始めたのです。学校も休むようになると、余計にゲームにのめりこみ、深刻なネット依存になってしまいました。結果、友だちも離れていってしまったのです。

夜9時まで　リビングのみ

対策

・ネットに接続してもよい時間など、家族でルールを決める。

・「リビングだけでつかう」など、つかう場所を決める。

・すでに日常生活に支障が出ている場合、専門の医師に相談する。

ネット依存のギモン Q2 メッセージが気になり、何も手につかないときは、どうしたらいい？

SNSやメッセージアプリをつかえば、友人やネット上の知り合いと、気軽にメッセージのやりとりを楽しめます。いっぽうで、学校の友人など普段から顔を合わせている人とのやりとりは、メッセージの内容がリアルにも影響を及ぼしやすく、より注意が必要です。一日中、気になって他のことが手につかないという人もいるようですが、どうしたらいいでしょうか？

あったらこわーい友だちの話

チャットの通知が気になってスマホが手放せない…。

Bさんに聞きました

スマホを買ってもらったので、友だちとチャットのグループをつくったの。学校から帰ったら、毎日チャットで話をするようになってすごく楽しい！ でもある日、通知が鳴ったから見てみると、グループのメンバーがクラスの友だちの悪口をいっぱい話していて……。

その後

「わたしも悪口を言われていたらどうしよう」と不安になり、一日中スマホを手放せなくなったの。通知が気になって勉強も手につかないし、成績も落ちて。お母さんにもしかられて、どうしたらいいかわからない。

こんなとき、どうする？

A2 ネットをつかう時間・環境を制限し、相手にも理解してもらおう！

ネット上でのメッセージのやりとりは、いつでも気軽にできて便利ですが、学校の友人などでグループをつくると、「反応が遅れたら仲間はずれにされるかも」などという心配や友だちを思うやさしさから、スマホを手放せなくなる人もいるようです。まずは家族とルールをつくり、メッセージを確認できる時間と環境を制限しましょう。そのことを友だちにも伝え、理解してもらうことが大切です。

なお、メッセージなど文字だけのやりとりは、誤解を招くこともあるので注意しましょう（→2巻）。

通知がたくさんたまると不安になる…。

気にしていると余計に不安になるので、時間で区切ることが大切です。

何が起きていた？

Bさんは、「自分も悪口を言われたくない」と不安になったことがきっかけで、スマホを手放せなくなりました。同じような不安は、友だち関係のグループでしばしば起こりえますが、チャットのグループの場合、常にネット上でつながっているため気になり、依存しやすいのです。

対策

・決められた時間以外はスマホを保護者に預ける。通知音を鳴らさない。
・勉強など他のことをしながらスマホを見る「ながらスマホ」はしない。
・悪口ではなく、楽しい会話で盛り上がるようなグループを、友だちと一緒につくっていく。

SNSに毎日投稿するのがつらいのに、やめられないときは？

SNSなどで、コメントや写真、動画などを投稿すると、「いいね」をクリックしてもらえたり、コメントをもらったりすることがあります。その反応がうれしくて投稿する人が多いのですが、だんだん思うような反応が得られず、投稿自体がつらくなることも多いようです。にもかかわらず投稿をやめられない……そういう人はどうしたらいいのでしょうか？

「いいね」が減るのがこわい…。

C君に聞きました

SNSでおもしろい動画を投稿すると、いろんな人が「いいね」をつけてくれたり、コメントをしてくれたりするからうれしいんだ。毎日、動画をアップするようにしてるけど、最近はいいネタが思いつかなくて……。「いいね」の数が少ないと、あせってばかりだよ。

その後

毎日、どんな動画を投稿したらいいのかわからない。最初はあんなに楽しかったのに、最近はだんだん苦しくなってきて。でも毎日投稿するのをやめて、「いいね」が減ったらって考えるとすごくこわいんだ。

こんなとき、どうする？

A3 まずはネットの端末から離れ、保護者などに相談しよう！

本当は楽しいはずのことなのに、苦しくてもやめられないのは、依存のサインです。SNSなどで、「いいね」を増やしたくて投稿をやめられなくなるのはつながり依存（→ P.46）です。注目されたいという気持ちがエスカレートすると、わざと炎上するような投稿をするようになり、大きなトラブルにつながる可能性もあります。苦しくてもやめられないなど依存の傾向がある人は、保護者に相談し、ネットの端末から離れましょう。改善しないときは、スクールカウンセラーや専門の医師などに相談することも必要です。

投稿で注目を集めることが第一になり冷静な判断ができなくなっています。

お店で迷惑行為をして投稿する人がいるけど…。

何が起きていた？

楽しいからこそSNSを始めたC君ですが、だんだん毎日投稿するのが大変になっていきました。にもかかわらず、「いいね」の数を増やしたい、みんなに認められたいという気持ちから、苦しくてもやめることができなくなってしまったのです。

対策

・SNSを始めるときに、家族でつかい方のルールや投稿数を決めておく。

・「苦しい」「つらい」と思ったときは、まずネットの端末から離れ、保護者に相談する。改善しない場合は、専門の医師に相談する。

・アプリの設定で評価が見えないようにする。

ネット依存の
ギモン
Q4 ネットをつかうようになってから、体調に問題が出たときは？

眼精疲労

肩こり

頭痛・けんたい感

　ネットの利用時間が長くなったり、ネット依存の状態になったりすると、体にもさまざまな悪影響があります。たとえば、目の疲れや視力の低下、頭痛や肩こり、不眠症やけんたい感（だるさ）などの症状があげられます。

　もしネットをつかうようになってから、体調に問題が出たときはどうしたらいいのでしょう。未然に防ぐ方法などはないのでしょうか？

あったらこわーい友だちの話

スマホを買ってもらってから、体調が悪くて…。

Dさんに聞きました

　スマホを買ってもらってから、いろんな人の動画を見るのが楽しくて、ついついおすすめされる動画を連続で見ちゃう。夜、ふとんに入ってから寝ながらスマホを見るのも好き！

その後

　最近、睡眠不足のせいか、なんだか毎日疲れている気がする。友だちから、「目の下のくま、ひどいよ」って言われたのもはずかしかった。肩こりもひどいし、たまに頭痛もする。健康診断で視力もすごく落ちててびっくりした……。

こんなとき、どうする？

利用時間が長くならないように制限し、つかうときの姿勢や距離も注意しよう！

内閣府の調査結果によると、ネットの平均利用時間は小学生が3時間27分、中学生が4時間19分。1日5時間以上利用している人が小学生で21.9%、中学生で35.5%にもおよびます（右の図）。ネットの利用時間が長くなりすぎないよう、つかう目的や時間など、家族でルールを決めることが大切です。

また、ネットをつかうときは、画面から30cm以上目を離し、30分に1回は、20秒以上画面から目を離して遠くを見るようにしましょう（→ P.59）。体調が悪くなったときは、自分で判断せず保護者に相談し、医師の診断を受けてください。

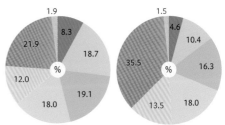

インターネットの利用時間

小学生
（対象：1,057人）

1.9
8.3
21.9
18.7
%
12.0
19.1
18.0

中学生
（対象：1,294人）

1.5
4.6
10.4
35.5
16.3
%
13.5
18.0

■ 1時間未満
　 2時間以上 3時間未満
　 4時間以上 5時間未満
■ わからない

　 1時間以上 2時間未満
　 3時間以上 4時間未満
■ 5時間以上

【出典】内閣府「令和3年度青少年のインターネット利用環境実態調査」（2022年）より作成

▼ **何が起きていた？**

Dさんは、日中はもちろん、夜も寝ながら長時間、スマホで動画を見ていました。睡眠時間が減るだけでなく、見るときの姿勢も悪かったため、視力の低下や肩こりなど、体の健康にも悪影響が出ていたのです。

ネットを
つかうときの
ルール

▼ **対策**

・ネットをつかう目的や、つかっていい時間など、家族でルールを決める。
・画面を見るときの姿勢に気をつけ、画面から30cm以上は目を離す。30分に1回は、20秒以上画面から目を離し、遠くを見るようにする。
・寝る1時間前からネットの利用はひかえ、寝室への端末の持ち込みを禁止する。
・座りすぎ予防のため、スマホをつかうときは立ってつかう。

コラム

小中学生のネットの利用内容は？

スマホや自宅用端末では「動画」が1位！

小中学生が、スマホや自宅用のパソコンやタブレット、学校から配布された端末で、それぞれネットを何に利用しているかについて、内閣府が調査結果をまとめています。これによると、スマホについては、小中学生ともに「動画を見る」がもっとも高く、ついで小学生が「ゲームをする」「検索をする」、中学生が「検索する」「音楽を聴く」と続きました。

自宅用のパソコンやタブレットについても、小中学生ともに、もっとも高かったのは「動画を見る」でしたが、スマホと違い「勉強する」が5位にランクインしています。

インターネットの利用内容（上位5つのみ抜粋）
●スマートフォン

小学生（425人）		中学生（957人）	
動画を見る	76.9%	動画を見る	88.0%
ゲームをする	61.2%	検索する	82.2%
検索する	59.8%	音楽を聴く	80.8%
音楽を聴く	47.3%	投稿やメッセージを交換する	79.4%
投稿やメッセージを交換する	46.4%	ゲームをする	70.2%

●自宅用のパソコンやタブレットなど

小学生（547人）		中学生（606人）	
動画を見る	74.2%	動画を見る	70.0%
検索する	62.7%	検索する	65.7%
ゲームをする	48.4%	音楽を聴く	43.6%
音楽を聴く	38.6%	ゲームをする	37.3%
勉強をする	27.2%	勉強をする	33.0%

【出典】内閣府「令和3年度青少年のインターネット利用環境実態調査」（2022年）より作成

学校から配布された端末では「勉強する」「検索する」が大半

学校から配布された端末では、小中学生ともに「勉強をする」がもっとも高く、2位が「検索する」でした。3位はいずれも「動画をみる」でしたが、小中学生ともに、2位より約50ポイント低い値となっています。また、スマホや自宅用の端末と異なり、「撮影や制作、記録をする」が4位、「地図をつかう」が5位にランクインしているのも特徴です。

インターネットの利用内容（上位5つのみ抜粋）
●学校から配布・指定されたパソコンやタブレットなど

小学生（551人）		中学生（633人）	
勉強をする	85.8%	勉強をする	85.3%
検索する	61.3%	検索する	62.6%
動画を見る	13.1%	動画を見る	12.6%
撮影や制作、記録をする	12.2%	撮影や制作、記録をする	11.2%
地図をつかう	10.3%	地図をつかう	10.7%

【出典】内閣府「令和3年度青少年のインターネット利用環境実態調査」（2022年）より作成

PART03 心と体の健康を大切に

> ネットの利用時間が長くなると、目も体も疲れるんだよね…。

> 心身の健康に気を配りながら、ネットを活用しましょう。

めざすは「デジタルウェルビーイング」

タブレットやパソコン、スマホなどのデジタル端末を正しくつかい、体も心も健康で幸せな状態（ウェルビーイング）でいることを「デジタルウェルビーイング」といいます。

ネットは、いまや生活に欠かすことのできないものですが、万能ではありません。便利な道具のひとつにすぎず、つかい方を間違えると、健康や生活に悪影響を与えることもあります（→ P.45）。

デジタルウェルビーイングを実現するためには、リアルとネットの両方を組み合わせて、上手に活用していくことが大切です。心身ともに健康でいるためには、

ネットリテラシーの高さも求められます。右のページにまとめたポイントを確認し、デジタルウェルビーイングをめざしましょう。

①健康を維持しよう

　ネットの利用時間が長すぎたり、端末をつかうときの姿勢が悪かったりすると、健康面でも悪影響を与えます。とくに目の負担には注意しましょう。

チェックポイント

- 端末をつかうときは、よい姿勢を保ち、画面から30cm以上目を離す
- 30分に1回は、20秒以上画面から目を離し、遠くを見るようにする
- 部屋の明るさに合わせて、画面の明るさを調整する
- 寝る1時間前からは端末を利用しない

②ネットの特性と個人情報について正しく理解しよう

　ネットに書き込んだ情報は、世界中の人に見られる可能性があります。ネットの特性と個人情報について正しく理解し、自分の身を守るとともに、他人に迷惑をかけないようにしましょう。

チェックポイント

- 本人の許可をとらずに、写真や動画を勝手にとらない、アップしない
- 自分や他の人の個人情報、だれかを傷つけるようなことを書き込まない
- 不適切なサイトにアクセスしない
- サイトの閲覧時に、通知の許可を求められてもむやみに許可しない

③端末を安全・安心に活用しよう

　端末には、大切な情報がたくさんつまっています。決められた利用方法を守るとともに、なくしたりこわしたりしないよう、大切にあつかいましょう。

チェックポイント

- 決められた使用時間を守る
- 端末を他の人に貸さない
- IDとパスワードを他の人に教えない
- アプリの追加・削除、ファイルのダウンロード、設定の変更を勝手に行わない
- 学習や、決めた目的以外ではつかわない
- 端末を大事にあつかう

コラム ラクにネットと付き合うための10のコツ

　ネット上のトラブルやネット依存の話などを聞くと、「インターネットってなんだかこわいな」と思う人もいるかもしれません。でも、ネットは上手につかえばとても便利で楽しく、人の役に立つものです。学習に必要な情報を調べることもできますし、世界中の人たちの意見にふれることもできます。大切なのは、ネットを「何につかうか」「どうつかうか」なのです。

　ここでは、ラクにネットと付き合うための10のコツを紹介します。必要以上にこわがることも難しく考えることもありません。ルールとマナーを守り、ネットと上手に楽しく付き合っていきましょう。

1

ボーッとする時間を大切にしましょう。何もしていないように見えても、その間、脳は大事な仕事をしています。

自分を大切に、人も大切に。 **2**

3 人と自分は、違って当たり前なんだと知りましょう。

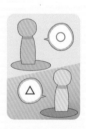

4 無理に友だちに合わせる必要はありません。自分で考えて行動しましょう。

ものごとに対して受け身にならず、なんでも疑問を持つクセをつけましょう。 **5**

6 大切な人を守る、
弱い人や困っている人を助けるなど、
だれかのためにした行動は、
自分を助けることにつながります。

7 絶対にしてはいけないことは何か、
なぜしてはいけないのかを、
きちんと理解しましょう。

友だちのことや
ネットのことを、
普段から保護者と
話しましょう。

8

9 家族や他人に、
「ありがとう」という
感謝の気持ちを
持ちましょう。

ストレスや問題が
起こったときどうするか、
自分の気持ちが
ラクになる方法を
知っておきましょう。

10

10のコツって、
ネットのつかい方の
コツじゃないんだ！

そう！「人」との
付き合い方を学ぶことで、
ネットとの付き合い方も
上手になります！

61

さくいん

監修 **遠藤 美季**（えんどう みき）

任意団体エンジェルズアイズ代表、情報教育アドバイザー、新宿区社会教育委員、公立中学校こころのふれあい相談員。保護者や子どもたちに向け、ネット依存予防やネットトラブルを避ける方法について、全国での講演やホームページでアドバイスしている。『本当に怖いスマホの話』（監修・金の星社）、『12歳までに身につけたい ネット・スマホルールの超きほん』（監修・朝日新聞出版）など、著書・監修多数。
https://angels-eyes.com/

デザイン	大澤 肇
漫画	杉谷エコ
イラスト	杉谷エコ、海星なび、林檎ゆゆ
写真	ピクスタ
執筆	加藤朋美
校正	白沢麻衣子
編集協力	株式会社サイドランチ

GIGAスクール時代のネットリテラシー❶
ネットの基本と活用術

発 行　2023年4月　第1刷

監 修　遠藤美季
発行者　千葉 均
編 集　大久保美希
発行所　株式会社ポプラ社
　　　　〒102-8519　東京都千代田区麹町4-2-6
　　　　ホームページ
　　　　www.poplar.co.jp（ポプラ社）
　　　　kodomottolab.poplar.co.jp（こどもっとラボ）
印刷・製本　図書印刷株式会社

●落丁・乱丁本はお取り替えいたします。
電話（0120-666-553）または、ホームページ（www.poplar.co.jp）のお問い合わせ一覧よりご連絡ください。
※電話の受付時間は、月〜金曜日10〜17時です（祝日・休日は除く）

●本書のコピー、スキャン、デジタル化等の無断複製は著作権法上での例外を除き禁じられています。
本書を代行業者等の第三者に依頼してスキャンやデジタル化することは、たとえ個人や家庭内での利用であっても著作権法上認められておりません。

あそびをもっと、まなびをもっと。
こどもっとラボ

GIGAスクール時代の
ネットリテラシー

全 ❸ 巻

監修：遠藤美季

図書館用特別堅牢製本図書

小学校中学年〜中学生向き

各63ページ　B5変型判　オールカラー

セットN.D.C.007

ネット依存チェックリスト

「自分は大丈夫」と思っていても、ネット依存になりかけているかも!?

以下の20の質問に答え、最後に点数を合計してみましょう。

まったくない……1点	
まれにある………2点	
ときどきある……3点	
よくある…………4点	
いつもある………5点	

1	気がつくと、思っていたより長い時間ネットをつかっていることがありますか？
2	ネットをつかう時間を増やすために、家でのお手伝いなどをおろそかにすることがありますか？
3	家族や友だちと過ごすよりも、ネットを選ぶことがありますか？
4	ネットで新しい仲間をつくることがありますか？
5	ネットをつかう時間が長いと周りの人から文句を言われたことがありますか？
6	ネットをつかう時間が長くて、学校の成績や勉強に支障をきたすことがありますか？
7	他にやらなければならないことがあっても、まず先に電子メールやSNSをチェックすることがありますか？
8	ネットのために、勉強が進まなかったり成績が落ちたりしたことがありますか？
9	人にネットで何をしているのか聞かれたときに、隠そうとしたことがありますか？
10	日々の生活の心配ごとから気をまぎらわせるために、ネットをつかうことがありますか？